NOTICE

SUR LES

GRANDS TRAVAUX HISTORIQUES

DE

M. ANDRÉ DE BELLECOMBE

Président de la Société Américaine et de l'Institut historique de France, Vice-Président de la Société d'Ethnographie, Membre du Comité de la Société des Gens de lettres, du Conseil de l'Athénée oriental et des Sociétés de Géographie de Paris et de Genève, de Numismatique, philotechnique, etc., de l'Académie nationale de Bordeaux, de la Société du Hâvre, etc.
Membre de la Commission scientifique Internationale de l'Exposition Universelle de 1867

TRAVAUX ADMIS A L'EXPOSITION UNIVERSELLE DE 1878,
GROUPE II, CLASSE 9, Nº

120 Volumes in-octavo ;
Et **100** Volumes in-folio ;
220 Volumes.

MARS 1878

(La présente Notice sera gratuitement envoyée à toutes les personnes qui en feront la demande par lettre écrite ou par le dépôt de leurs cartes).

NOTICE

SUR LES

GRANDS TRAVAUX HISTORIQUES

DE

M. ANDRÉ DE BELLECOMBE

Président de la Société Américaine et de l'Institut historique de France, Vice-Président de la Société d'Ethnographie, Membre du Comité de la Société des Gens de lettres, du Conseil de l'Athénée oriental et des Sociétés de Géographie de Paris et de Genève, de Numismatique, philotechnique, etc., de l'Académie nationale de Bordeaux, de la Société du Hâvre, etc.
Membre de la Commission scientifique Internationale de l'Exposition Universelle de 1867

TRAVAUX ADMIS A L'EXPOSITION UNIVERSELLE DE 1878,
GROUPE II, CLASSE 9, N°

---

120 Volumes in-octavo ;
Et **100** Volumes in-folio ;
220 Volumes.

MARS 1878

(La présente Notice sera gratuitement envoyée à toutes les personnes qui en feront la demande par lettre écrite ou par le dépôt de leurs cartes).

Jusqu'à ce jour, les littérateurs, les auteurs et les écrivains ont été fatalement exclus de toutes les expositions permanentes et universelles.

Le peintre, l'architecte, le graveur et le sculpteur ont été mieux partagés; ils ont largement profité, ainsi que tous les arts physiques, mécaniques et mathématiques et toutes les branches du commerce, de l'industrie, de l'agriculture et de l'économie domestique, des exhibitions nationales qui permettent au public d'apprécier, de comparer et de juger, en connaissance de cause, sous une impression plus ou moins favorable, les produits de toute sorte et de toute nature présentés à ses yeux.

L'auteur n'arrive que très imparfaitement à une sorte de demi-exposition de son œuvre en passant par les mains des libraires, des éditeurs et des imprimeurs qui sont ses intermédiaires forcés et obligatoires. Le livre n'a jamais été admis jusqu'ici comme livre, c'est-à-dire comme le produit direct des études, de l'inspiration, de la pensée, de l'intelligence et du génie; il ne se révèle aux yeux de tous que comme une production purement mécanique, figurée par la beauté des caractères typographiques, par l'élégance et la beauté du format ou par les splendeurs de la reliure.

L'auteur de *l'Histoire universelle* a voulu combler en ce qui le concerne ce vide et cette lacune en s'adressant au public sans intermédiaire et sans agent protecteur ou modérateur.

Il est le *premier* qui ait pris l'initiative de l'exposition de l'œuvre pour l'œuvre elle-même, dégagée de tout fard, de toute parure et de tout ajustement ou ornement étrangers.

Il est le *premier* qui ait obtenu la permission d'exposer le fruit de ses longs travaux et de ses études patientes et persévérantes de quarante années, et de s'adresser franchement et loyalement à l'opinion de tous les hommes compétents et désintéressés.

Il espère fortement que ce premeir essai ne sera pas infructueux et sera suivi et mis en pratique par la grande et intelligente famille des lettres et des érudits.

Son idée a été, du reste, il faut l'ajouter, en partie pressentie et devinée par de puissantes et actives influences, émanant de quelques chefs de bureau ministériels, animés par les intentions les plus éclairées, les plus louables et les plus bienveillantes à l'égard des auteurs si longtemps oubliés. Par leurs soins, en effet, des bibliothèques techniques et industrielles, académiques et littéraires offriront collectivement au public la perspective nouvelle des plus belles productions *écrites* des savants spéciaux, des gens de lettres et des professeurs de l'Université. Le contenu concourra pour la première fois avec le contenant; le vin renfermé dans la coupe avec la coupe elle-même.

C'est là un grand pas sans doute, et une première réparation des plus légitimes, à l'égard des écrivains exclus des représentations et par suite des récompenses accordées aux artistes, aux inventeurs, aux constructeurs, aux ingénieurs, aux commerçants et aux agronomes, leurs confrères et leurs émules en labeurs pénibles et en créations fécondes et merveilleuses.

Mais ce premier pas ne saurait suffire à ses yeux. Il faut que l'auteur et que l'écrivain obtiennent leurs expositions privées, directes et spéciales, qui les stimuleront bien mieux que les expositions en collectivité où l'individualité se trouve enfouie et perdue dans la généralité de la masse.

Espérons donc pour l'avenir; contentons-nous de l'espace trop limité accordé à l'auteur de l'*Histoire universelle,* qui ne lui permet pas une exposition complète de tous ses volumes, et que la simple nomenclature de ses travaux historiques lui fasse pardonner et excuser la hardiesse et la témérité d'une innovation qui n'a pas eu de précédent jusqu'à l'heure où nous écrivons ces lignes.

1er *Mars* 1878.

PREMIÈRE PARTIE

HISTOIRE UNIVERSELLE

Histoire Générale

POLITIQUE, RELIGIEUSE ET MILITAIRE

45 volumes in-octavo

Paris, Furne, Jouvet et Cie, éditeurs, 45, rue St-André-des-Arts.

VOLUMES IMPRIMÉS.

Tome Ier: Introduction à l'Histoire Universelle. — Les Origines : la Chine, le Japon, l'Inde, la Chaldée, la Phénicie, l'Assyrie, la Perse.

Tome II : Les Origines (*suite et fin*) : Égypte, Grèce et Italie, Judée ; peuples européens, Amérique et Océanie.

Tome III : La fusion des peuples. — Les Juifs sous les rois : Saül, David, Salomon, etc. — Royaumes de Juda et d'Israël. — Les prophètes. — Les conquérants assyriens : Salmanazar, Sennachérib et Nabuchodonosor. — L'Égypte jusqu'à Amasis. — La Grèce et ses réformateurs : Lycurgue, Solon, les sept Sages. — Rome et ses rois : Romulus, Numa, etc. — Mou-Wang, le Salomon de la Chine. — L'Inde et Boudhah. — La Perse et Zoroastre, etc.

Tome IV : Troisième époque de l'histoire. — Domination Persane. — Cyrus et ses successeurs. — Civilisation grecque jusqu'à Alexandre. — Périclès et Alcibiade. — La Chine sous Lao

Tseu et Koung Tseu. — Derniers rois de Rome et république romaine, etc.

Tome V : Domination grecque. — Alexandre le Grand et ses successeurs. — Les Ptolémée d'Égypte et les Seleucides de Syrie. — Annibal et les guerres puniques. — Rome jusqu'à la mort de Scipion l'Africain, etc.

Tome VI : Fin des Lagides d'Égypte et des Séleucides de Syrie. — Conquête de la Grèce et de la Macédoine. — Destruction de Carthage. — Scipion l'Emilien et Numance. — Tiberius et Caïus Gracchus. — Guerre de Jugurtha. — Marius et Sylla. — Cicéron et Catilina. — Triumvirat de César, Crassus et Pompée. — Dictature de César. — Brutus et Cassius. — Antoine, Lépide et Octave-Auguste. — Fin de la République romaine, etc.

Tome VII : Empire romain (1re partie). — Auguste à Constantin. — Jésus-Christ et l'Église chrétienne jusqu'à l'an 306.

Tome VIII : Empire romain depuis Constantin jusqu'à Augustule. — Invasion des barbares : Alaric, Attila, Genséric. — Les Francs sous Clodion, Mérovée et Childéric. — L'Église catholique pendant les 4me et 5me siècles.

Tome IX : Première dynastie franque. — Clovis et les Mérovingiens des VIme et VIIme siècles. — Justinien II et Héraclius. — Théodoric le Grand et ses successeurs. — Chosroès Anouschirvan et Chosroès Parviz. — Mahomet et l'Islamisme. — Abou Bekr, Omar, Othman, etc. — L'Église pendant les 6me et 7me siècles, etc.

Tome X : Fin des Mérovingiens. — Les maires du palais : Ebroîn, Pépin de Héristal, Charles Martel, etc. — Deuxième dynastie franque. — Pépin le Bref et Charlemagne. — L'Heptarchie saxonne. — Premières invasions des Normands. — Le Catholicisme en Allemagne. — Les Ommyades et les Abbassides. — Ali, Moawiah, Abdallah ben Zobaïr. — Abdérame Ier, Haroun Al Raschid, etc. — Fin du royaume Lombard. — Les Papes et l'Église du 7me au 9me siècles. — L'Amérique mythique et fabuleuse, etc.

Tome XI : Louis le Débonnaire et Charles le Chauve. — Fin de l'Heptarchie saxonne, Egbert, etc. — Abdérame II et Alphonse le Grand, Almamoun et ses successeurs. — Les Normands en

France, Rollon, etc. — Derniers empereurs Franks. — Alfred le Grand. — Rurick et les Russes. — Abdérame III. — Ahmed ben Touloun. — Obéidallah et les Fatimites. — Derniers rois Carlovingiens.— Athelstan et ses successeurs.— Othon le Grand. — Les Bouhides d'Asie. — Résurrection de l'Inde. — Aqschid et Kafour en Égypte. — Chine contemporaine. — Commencements de la féodalité. — Mœurs des Francs sous les deux premières races.

Tome XII : Les Capétiens. — Hugues Capet, Robert et Henri Ier. — Derniers rois saxons d'Angleterre. — Canut le Grand et Edouard le Confesseur. — Boleslas Chobry de Pologne et Wladimir le Grand de Russie. — André I de Hongrie. — Les empereurs Othon III, Henri II, Conrad II, Henri III. — Les papes Sylvestre II et Léon IX. — Les Normands en Italie. — Robert Guiscard. — Almanzor et le Cid. — Zoé et Théodora. — Mahmoud le Gaznévide. — Les Seldjoucides. — Histoire ancienne de l'Amérique.

Tome XIII : Philippe Ier. — Les Normands en Angleterre. — Guillaume le Conquérant et ses fils. — L'empereur Henri IV et les investitures. — Grégoire VII. — L'Orient et Alexis Comnène. — Première croisade : Pierre l'Hermite et Godefroy de Bouillon. — Tableau politique et religieux. — La Féodalité, etc.

Tome XIV : Guerres féodales. — Abailard, St-Bernard. — Wladimir, Monomaque.— Henri V et Lothaire II.— Alphonse Ier roi de Portugal.— Ordres de Saint-Jean et du Temple.— Les communes. — Louis le Jeune. — Suger. — Les Albigeois. — Henri II et Thomas Becket. — l'Irlande conquise. — André Ier, chef de l'unité russe. — Guelfes et Gibelins. — Frédéric Barberousse. — Le pape Alexandre III. — Chute des Almoravides. — L'empereur Manuel Comnène. — Deuxième croisade. — Noureddin et Salaheddyn, etc.

Tome XV : Troisième croisade. — Philippe-Auguste et Richard Cœur-de-Lion. — Saladin. — Gengiskan. — Quatrième, cinquième et sixième croisades, etc.

Tome XVI : Louis IX. — Son caractère et ses réformes. — L'Angleterre sous Henri III. — Frédéric II et l'Église. — Républiques italiennes. — Chute de l'empire Franc à Constantinople. — Mongols et Mamlucks. — Septième et huitième croisades, etc.

Tome XVII: Philippe III et Philippe IV. — Boniface VIII et Clément V. — Les Templiers. — Robert Bruce. — Guillaume Tell et les Suisses. — Othman et les Turcs. — Koubilaï-Khan, etc.

Tome XVIII: Fin des Capétiens. — Mœurs contemporaines. — Louis V et Jean XXII. — Halte au milieu de l'histoire générale. — Pluralité des races humaines, etc.

VOLUMES MANUSCRITS.

Tome XIX: Philippe de Valois et Jean II. — Guerre avec l'Angleterre. — Marcel et les États-Généraux. — Les papes d'Avignon. — Orkhân Ier et Amurat Ier. — Le krâál Etienne Duschâân de Servie, etc.

Tome XX: Charles V et Du Guesclin. — Charles VI et le duc Philippe III de Bourgogne. — Mort d'Edouard III. — Union de Calmar. — Bataille de Sempach. — Grand schisme d'Occident. — Bajazet Ier et Timour-Leng. — Béthencourt et les Canaries, etc.

Tome XXI: Les Bourguignons et les Armagnacs. — Henri V. — Charles VII. — Jeanne d'Arc. — Guerres des Hussites. — Jean Huss et Jérôme de Prague. — Conciles de Constance et de Bâle. — Fin du schisme de l'Eglise. — Le roi mexicain Tezozomoc l'Ancien, etc.

Tome XXII: Charles VII. — Jacques Cœur. — Expulsions des Anglais de la France. — La Rose Blanche et la Rose Rouge. — Tribunaux Wehmiques du Nord. — Huniade et Amurat II. — Eugène IV et Félix IV. — Découvertes des Portugais. — Prise de Constantinople par Mahomet II. — Scanderberg et les Turcs. — Nézahualtcoyolt et Moctézuma Ier, etc.

Tome XXIII: Louis XI et Charles le Téméraire. — Fin de la guerre des deux Roses. — Ivân III Wassiliéwitch. — Mathias Corvin et Podiebrad. — Ferdinand V et Isabelle. — L'inquisition en Espagne. — Mahomet II et Pierre d'Aubusson. — Ussum-Cassam et Hosseïn-Mirra. — Axayâcatl et les rois de Mexico, etc.

Tome XXIV : Anne de France et Charles VIII. — Guerre de Naples. — Les Tudors. — Maximilien d'Autriche. — Laurent de Médicis et Savonarola. — Alexandre VI et les Borgia. — Destruction des Maures d'Espagne. — Christophe Colomb. — Bajazet et Zizim. — Vasco de Gama et les Indes. — Découverte de l'Amérique, etc.

Tome XXV : Louis XII. — Campagne d'Italie. — Bayard et Gaston de Foix. — Henri VII et Henri VIII. — Les Kosaques. — César Borgia. — Jules II. — Sélim Ier et Ismaïl Sophi. — Cabral, Gama, Alphonse d'Albuquerque, Alméida. — Ojéda et Améric Vespuce. — Le Mexique, ses mœurs et ses coutumes. — Ahuitzotl et Moctézuma II.

Tome XXVI : François 1er et Charles-Quint. — Bataille de Pavie. — Henri VIII et Anne de Boulen. — Schisme d'Angleterre. — L'Ecosse et Jacques V. — Chute de Christiern II. — Gustave Wasa et la Suède. — Vassili III et Ivan IV le Terrible. — Louis de Hongrie et les Turcs. — Bataille de Mohacz. — L'empire allemand. — La Suisse et les Pays-Bas, etc.

Tome XXVII : Léon X, Clément VII et Pascal III. — Concile de Trente. — André Doria et les Génois. — Charles V et l'Espagne. — Emmanuël et Jean III de Portugal. — Soliman II. — Prise de Rhodes. — Conquête de l'Egypte par les Turcs. — Baberkhan, Aroudj et Khayreddin. — Barberousse. — Nuno d'Acunha et Jean de Castro. — Conquête du Mexique par Cortez. — Le Pérou et François Pizarre. — Almagro et Alvarado. — Magellan, etc.

Tome XXVIII : La Réforme. — Luther et les Luthériens. — Carlostadt, Mélanchton et Bucer. — Zwingle et les Suisses. — Les Anabaptistes de Leyde. — Calvin et Servet. — La Réforme en Europe. — Les Jésuites. — Ignace de Loyola et François Xavier. — Henri II et les Guises. — Marie Tudor. — Mort de Charles V. — Italie et Espagne. — Suite du règne de Soliman II. — L'Amérique au seizième siècle, etc.

Tome XXIX : Fin des Valois. — François II, Charles , Henri II, etc. — Guerres de religion. — Catherine de Médicis. — Elisabeth Tudor et Marie Stuart. — Maximilien II. — Le duc d'Albe et Guillaume d'Orange. — Siége de Malte. — Philippe II prend le Portugal. — Bataille de Lépante. — Akbar le Grand. — La Floride. — Drake, Cavendish, etc.

Tome XXX : La Ligue et les Seize. — Henri IV et Mayenne. — Sully et ses réformes. — L'Écosse et l'Angleterre. — Boris Godounoff.-- Maurice de Nassau et Barneveldt.— Clément VIII. — Philippe. — Les Maurisques d'Espagne. — Amurat III. — Abbas le Grand et la Perse. — Tribus de l'Amérique du Nord, etc.

Tome XXXI : Louis XIII et Richelieu. — Marie de Médicis. — Les protestants de la Rochelle. — Montmorency, Cinq-Mars et De Thou. — Jacques 1er. — Charles 1er et Buckingham. — Le Covenant. — Gustave-Adolphe et Oxenstiern. — Michel Romanoff. — Guerre de trente ans. — Urbain VIII. — Les Jansénistes. — Révolution de Portugal. — Amurat IV et les Janissaires, etc.

Tome XXXII : Régence de Mazarin et d'Anne d'Autriche. — La Fronde. — Le cardinal de Retz, Mathieu Molé, Turenne et Condé. — Révolution anglaise. — Cromwel, Fairfax, Lambert, etc. — Ferdinand III et Léopold 1er. — La reine Christine de Suède. — Alexis Mikaïlowitch. — Innocent X. — Masaniello et les Napolitains. — Philippe IV. — Mahomet IV, etc.

Tome XXXIII : Règne de Louis XIV (première partie). — Fouquet, Colbert et Louvois. — Guerres des Pays-Bas et d'Allemagne, etc. — Mort de Turenne. — Retraite de Condé. — Révocation de l'édit de Nantes. — Charles II et Jacques Stuart. — Jean de Witt et Guillaume III de Nassau. — Siége de Vienne par les Turcs. — Les papes Alexandre VII, Clément IX, Clément X, etc. — Charles II d'Espagne, etc. — Aureng-Zeb et les Mongols, etc.

Tome XXXIV : Règne de Louis XIV (deuxième partie). — Mort de Louvois. — Mme de Maintenon. — La succession d'Espagne. — Villars, le prince Eugène et Marlborough. — Traité d'Utrecht et mort de Louis XIV. — Guillaume III, roi d'Angleterre. — La reine Anne Stuart. — Charles XII et Pierre le Grand. — Les empereurs Joseph II, etc. — Le roi d'Espagne

Philippe V. — Frédéric Ier, roi de Prusse. — L'Asie, l'Afrique et l'Amérique, etc.

Tome XXXV : Régence du duc d'Orléans. — Law. — Dubois. — Le duc de Bourbon. — Le cardinal André de Fleury. — Stanhope et Walpoole. — Catherine 1er et Menchikow. — Anne. — Ostermann et Munich. — Les empereurs Charles VI et Charles VII. — Benoit XIV. — Albéroni. — Ahmed III. — La Perse et Nadir-Kouli-Khân, etc.

Tome XXXVI : Louis XV. — Fontenoy. — Mmes de Châteauroux et de Pompadour. — Paix d'Aix-la-Chapelle. — Guerres de sept ans. — Choiseul, Terray, d'Aiguillon, Voltaire, Rousseau, d'Alembert, Diderot, etc. — Pelham, Pitt et Fox. — La reine Mathilde de Danemark et Struensée. — Elisabeth et Catherine II de Russie. — Les Orlow. — La Grèce et la Pologne. — Frédéric II de Prusse. — Marie-Thérèse et Joseph II. — La Corse et Paoli. — Les Jésuites et Clément XIV. — Aranda et Pombal. — Ali-Bey en Égypte. — Kerim-Khân. — Ahmad-Schah. — L'Inde. — Dupleix. — Labourdonnais. — Hayder-Ali. — Cook et Bougainville. — Montcalm et le Canada.

Tome XXXVII : Louis XVI et Marie-Antoinette. — Turgot, Necker, etc. — Bellecombe à Pondichéry. — Les Neutres. — Suffren. — Calonne. — Les Notables. — Les Etats généraux. — Bailly, Siéyès et Mirabeau. — Le Jeu de Paume. — Assemblée nationale. — La Bastille. — Lafayette et les clubs. — La Peur, Maury et Casalès. — La Fédération. — Assemblée législative. — Dumouriez et les Girondins. — Le 10 août 1792. — Massacres de septembre. — Valmy. — Georges III. — Gustave III. — Scuwarow et les Russes. — Joseph II et Léopold II. — Le pape Pie VI. — Campomanès et Florida Blanca. — Abdul-Hamid. — Agâ-Mohammed. — Tippoo-Saheb. — Washington, Franklin et révolution de l'Amérique, etc.

Tome XXXVIII : République et Convention nationale. — Jemmapes. — Procès et mort de Louis XVI. — Vergniaud et les Girondins. — Robespierre, Danton et Marat. — Charlotte Corday. — La Montagne. — Lyon et Toulon. — Fleurus. — La Terreur. — Le 9 Thermidor. — La Vendée. Laroche-Jacquelein, Catelineau, Bonchamp et Charette. — Quiberon. — Directoire exécutif. — Montenotte, Castiglione. — Bonaparte à

Arcole et à Rivoli. — Léoben et Campo-Formio. — Masséna à Zurich. — Retour de Bonaparte d'Égypte. — 18 Brumaire, etc.

Tome XXXIX : Le Consulat. — Bonaparte, Cambacérès et Lebrun. — Masséna à Gênes — Le mont Saint-Bernard et Marengo. — Moreau à Hohenlinden. — Paix d'Amiens. — Camp de Boulogne. — Concordat. — Le duc d'Enghien. — Cadoudal. — Bonaparte empereur. — Gustave IV de Suède. — Paul 1er de Russie. — Fin de la Pologne. — Kosciusko. — La Prusse et l'Autriche. — Pie VII. — Charles IV d'Espagne. — Prise de Malte. — Sélim III et les Turcs. — Expédition d'Égypte. — Bonaparte, Kléber et Menou. — L'Afrique. — Mort de Tippoo-Saheb. — Toussaint-Louverture. — Les Etats-Unis, etc.

Tome XL : Napoléon. — Troisième coalition. — Ulm. — Austerlitz. — Paix de Presbourg. — Fortune de Napoléon. — Quatrième coalition. — Iéna. — Varsovie. — Eylau. — Friedland. — Traité de Tilsitt. — Le Portugal et l'Espagne. — Joseph Bonaparte et Murat, etc. — Cinquième coalition. — Eckmühl. — Ratisbonne. — Essling. — Wagram. — Paix de Vienne. — Lord Vellington et Masséna. — Joséphine et Marie-Louise. — Le Roi de Rome. — Campagne de Russie. — Moscou. — La Bérésina. — Dresde. — Leipsick. — Invasion. — Abdication de Napoléon, etc.

Tome XLI : Première restauration. — Louis XVIII et les Bourbons. — La Charte. — Congrès de Vienne. — L'île d'Elbe. — Grenoble et Lyon. — Les Cent Jours. — Acte additionnel de Napoléon. — Ligny. — Waterloo. — Blücher. - Deuxième abdication. — Fouché, etc. — L'Angleterre. — Mort de Pitt. — Le prince de Galles. — Bernadotte et la Suède. — Alexandre 1er, les Polonais et les Turcs. — Les confédérations allemande-hollandaise. — Pie VII et l'Italie. — Kara Georges et les Serviens. — Mahmoud II et Mustapha Baïrakdar. — Les Wahabites. — Méhémet Ali et les Mamlucks. — Feth Ali Schah. — Les Afghans. — Révolutions américaines, etc.

Tome XLII : Louis XVIII et Charles X. — Terreur blanche. — Procès et conspirations. — Ultrà et libéraux. — Ministères Talleyrand, Fouché, Richelieu, Villèle, etc. — Mort de Napoléon 1er. — Martignac et Polignac. — Journées de Juillet

1830. — Georges IV et Canning. — Nicolas 1ᵉʳ et le grand-duc Constantin. — Guerres turco-persanes. — Congrès d'Aix-la-Chapelle. — Les Carbonari. — Le roi Ferdinand VII d'Espagne et les Constitutionnels. — Le Portugal. — Don Pédro, don Miguel, etc. — Révolution hellénique. — Navarin. — Prise d'Alger. — Amérique. — Iturbide, Bolivar, Santa-Cruz, Francia, André Jackson, etc.

Tome XLIII : Louis-Philippe 1ᵉʳ. — Saints-Simoniens. — Laffitte. — Casimir Périer. — La Vendée. — Le choléra. — Prise d'Anvers. — Affaire d'avril. — Question d'Orient. — Attentats. — Thiers, Molé, Guizot, de Broglie, etc. — Le prince Louis Bonaparte. — Mort du duc d'Orléans. — Affaire Pritchard. — La réforme. — Madame Adélaïde. — Les banquets. — Révolution de février 1848. - La reine Victoria. — Whigs et Torys. — Robert Peel, lord Grey, O'Connel. — Nicolas et la Pologne en 1831 et 1846. — La Prusse et le Zollverein. — L'Allemagne et l'empire. — Guerre du Sonderbund. — Belgique, etc. — Charles-Albert et l'Italie. — Grégoire XVI et Pie IX. — L'Italie en 1847. — Don Carlos et Isabelle II. — Espartéro et Narvaëz. — Dona Maria II. — Les Grecs. — Ibrahim Pacha et Méhémet Ali. — Abdel Kader et le Maroc. — Lahore. — les Afghans. — Les Mormons. — Etats-Unis, etc.

Tome XLIV : Deuxième république française. — Gouvernement provisoire. — Commission des Cinq. - Général Cavaignac. — Napoléon III. — La France de 1848 à 1869. — Angleterre. — Pays du Nord, Russie, Prusse, Autriche, Allemagne, Pays-Bas et Suisse contemporaine, etc.

Tome XLV et dernier : Italie, Espagne, Portugal, Turquie, Grèce, Asie, Afrique, Amérique et Océanie, de 1848 à 1869.

Supplément. — Fin du règne de Napoleon III jusqu'à Sédan ; — événements du monde jusqu'au 4 septembre 1870.

DEUXIÈME PARTIE

CHRONOLOGIE UNIVERSELLE

GÉNÉRALE, POLITIQUE, RELIGIEUSE ET MILITAIRE

(42 volumes in-octavo)

VOLUMES IMPRIMÉS.

Tome Ier: Temps fabuleux. — Traditions, mystères et légendes. — Tableaux synchroniques, généalogiques et historiques de l'histoire mythique. — Origines de tous les peuples, etc.

Tome II : Temps demi-historiques. — Dynastie des Achéménides de Perse. — Chronologie universelle et tableaux historiques et synchroniques jusqu'à Alexandre le Grand, etc.

Tome III: Alexandre le Grand et ses successeurs. — Dynastie des Lagides d'Egypte. — César et Pompée. — Brutus et Cassius. — Chronologie universelle et tableaux historiques etc., de tous les peuples jusqu'à l'Empire romain.

Tome IV: Empire romain dans le 1er siècle de l'ère chrétienne. — Auguste à Domitien. — Chronologie et tableaux historiques etc., jusqu'à l'an 96 de l'ère chrétienne.

VOLUMES MANUSCRITS.

Tome V: Empire romain de Nerva à Alexandre Sévère. — Chronologie générale et tableaux universels de l'an 96 à l'an 222 de l'ère chrétienne.

— 15 —

Tome VI: Empire romain d'Alexandre Sévère à Constantin. — Chronologie et tableaux universels de l'an 222 à l'an 324 de l'ère chrétienne.

Tome VII: Empires d'Occident et d'Orient, de Constantin à Théodose le Grand. — Chronologie et tableaux universels de l'an 325 à l'an 392.

Tome VIII: Empires d'Occident et d'Orient de Théodose à Augustule. — Royaume Franc de Clodion à Childeric I. — Chronologie et tableaux universels de l'an 392 à l'an 480.

Tome IX: Clovis à Clotaire II. — Chronologie et tableaux universels de l'an 480 à l'an 613.

Tome X: Clotaire II et fin des Capétiens. — Chronologie et tableaux universels de l'an 613 à l'an 753.

Tome XI: Pépin le Bref à Charles le Chauve. — Chronologie et tableaux universels de l'an 753 à l'an 877.

Tome XII: Louis le Bègue à la fin des Carlovingiens. — Chronologie et tableaux universels de l'an 877 à l'an 987.

Tome XIII: Hugues Capet à Philippe Ier. — Chronologie et tableaux universels de l'an 987 à l'an 1108.

Tome XIV: Louis VI à Philippe-Auguste et Louis VIII. — Chronologie et tableaux universels de l'an 1108 à l'an 1226.

Tome XV: Louis IX et Philippe III. — Chronologie et tableaux universels de l'an 1226 à l'an 1285.

Tome XVI: Philippe le Bel à Charles IV. — Chronologie et tableaux universels de l'an 1285 à l'an 1328.

Tome XVII: Philippe VI et Jean. — Chronologie et tableaux universels de l'an 1328 à l'an 1364.

Tome XVIII: Charles V et Charles VI. — Chronologie et tableaux universels de l'an 1364 à l'an 1422.

Tome XIX: Charles VII. — Chronologie et tableaux universels de l'an 1422 à l'an 1461.

Tome XX: Louis XI et Charles VIII. — Chronologie et tableaux universels de l'an 1461 à l'an 1498.

Tome XXI: Louis XII. — Chronologie et tableaux universels de l'an 1498 à l'an 1515.

Tome XXII : François Ier. — Chronologie universelle et tableaux historiques et synchroniques de tous les peuples de l'an 1515 à l'an 1547.

Tome XXIII : Règne d'Henri II. — Chronologie et tableaux universels de l'an 1547 à l'an 1558.

Tome XXIV : François II et Charles IX. — Chronologie et tableaux universels de l'an 1558 à l'an 1574.

Tome XXV : Henri III. — Chronologie et tableaux universels de l'an 1574 à l'an 1589.

Tome XXVI : Henri IV. — Chronologie et tableaux universels de l'an 1589 à l'an 1610.

Tome XXVII : Louis XIII. — Chronologie et tableaux universels de l'an 1610 à l'an 1643.

Tome XXVIII : Louis XIV. — Chronologie universelle de tous les peuples de l'an 1643 à l'an 1715.

Tome XXIX : Louis XIV (2me partie). — Tableaux historiques, généalogiques et synchroniques de l'an 1643 à l'an 1715.

Tome XXX : Louis XV : (1re partie). — Chronologie universelle de l'an 1715 à l'an 1774.

Tome XXXI : Louis XV (2me partie). — Tableaux historiques et synchroniques de l'an 1715 à l'an 1774.

Tome XXXII : Louis XVI. — Chronologie universelle et tableaux historiques de l'an 1774 à 1793.

Tome XXXIII : République française. — Chronologie et tableaux universels de l'an 1793 à l'an 1804.

Tome XXXIV : Napoléon Ier. — Chronologie et tableaux universels de 1804 à 1815.

Tome XXXV : Louis XVIII et Charles X. — Chronologie et tableaux universels de l'an 1815 à l'an 1830.

Tome XXXVI : Louis-Philippe. — Chronologie universelle de l'an 1830 à l'an 1848.

Tome XXXVII : Louis-Philippe (2me partie). — Tableaux hiérarchiques et chronologiques de l'an 1830 à l'an 1848.

Tome XXXVIII : 2me République et Napoléon III. — Chronologie universelle de l'an 1848 à 1870.

Tome XXXIX : Napoléon III (2me partie). — Tableaux hiérarchiques de l'histoire de France de l'an 1848 à l'an 1870.

Tome XL : Napoléon III (3me partie). — Tableaux généalogiques hiérarchiques et synchroniques de l'histoire étrangère de l'an 1848 à 1870.

Tome XLI : 3me République française. — Chronologie universelle de l'an 1870 à 1873. — Tableaux hiérarchiques, etc., de la France de l'an 1870 à l'an 1878.

Tome XLII : Tableaux hiérarchiques, généalogiques et synchroniques de l'histoire étrangère (1870 à 1878).

TROISIÈME PARTIE

CHRONOLOGIE UNIVERSELLE

SCIENTIFIQUE, LITTÉRAIRE ET ARTISTIQUE

AVEC L'INDICATION DES NOMS DES AUTEURS ET DE LEURS OUVRAGES CLASSÉS PAR RANG DE PEUPLE, ET DE NATIONS ET PAR ORDRE CHRONOLOGIQUE DANS LES CATÉGORIES SUIVANTES :

Ire Section. — (Sciences morales et philosophiques).

1. Historiens. — 2. Philosophes. — 3. Théologiens catholiques. — 4. Théologiens protestants. — 5. Eloquence de la chaire. — 6. Jurisconsultes. — 7. Orateurs et avocats. — 8. Politique. — 9. Economie politique.

IIme Section. — (Belles-Lettres).

1. Littérateurs ou polygraphes proprement dits. — 2. Littérature légère. — 3. Littérature morale. — 4. Littérature descriptive. — 5. Romanciers. — 6. Auteurs dramatiques. — 7. Auteurs comiques. — 8. Poètes en plusieurs sections, tels que poètes épiques, lyriques, bucoliques, fabulistes, chansonniers, etc.

IIIme Section. – Erudition et Archéologie.

1. Antiquaires. — 2. Archéologues. — 3. Chronologistes. — 4. Biographes. — 5. Linguistes. — 6. Orientalistes. — 7. Grammairiens. — 8. Traducteurs. — 9. Editeurs-imprimeurs, etc.

IVme Section. — Sciences.

1. Astronomie. — 2. Mathématiques. — 3. Mécanique. — 4. Hydrographie et navigation. — 5. Géographie et voyages. — 6. Physique. — 7. Chimie. — 8. Histoire naturelle. — 9. Economie domestique. — 10. Médecine. — 11. Chirurgie, etc.

Vme *et dernière section.* — *Beaux-Arts.*

1. Architecture. — 2. Gravure. — 3. Sculpture. — 4. Peinture et ses branches séparées (histoire, portraits, marines, genre, intérieurs, paysages, animaux, etc.) — 5. Musique. — 6. Théâtre et danse. — 7. Arts divers, etc.

16 Volumes manuscrits in-octavo.

Tome I : Savants, littérateurs et artistes depuis les temps les plus reculés jusqu'à l'ère chrétienne et de l'ère chrétienne jusqu'à Pépin et Charlemagne.

Tome II : Savants, littérateurs, etc., de Charlemagne jusqu'à François Ier.

Tome III : Savants, littérateurs, etc., universels de François Ier à Henri III. — La distribution des peuples est ainsi répartie : 1. France ; 2. Angleterre et Ecosse ; 3. Scandinavie ; 4. Russie et Pologne ; 5. Pays-Bas ; 6. Allemagne ; 7. Suisse ; 8. Espagne et Portugal ; 9. Italie ; 10. Grèce ; 11. Asie ; 12. Amérique, etc.

Tome IV : Règnes de Henri IV et de Louis XIII (1589 à 1643).

Tome V : Règne de Louis XIV (1re partie), 1643 à 1675.

Tome VI : Règne de Louis XIV (2me partie), 1675 à 1715.

Tome VII : Règne de Louis XV (1re partie) 1715 à 1733.

Tome VIII : Règne de Louis XV (2me partie) 1733 à 1774.

Tome IX : Règne de Louis XVI (1774 à 1793).

Tome X : 1re République française (1793 à 1804).

Tome XI : Règne de Napoléon Ier (1804 à 1815).

Tome XII : Louis XVIII et Charles X (1815 à 1830).

Tome XIII : Louis-Philippe (1re partie) 1830 à 1848. — Savants et littérateurs français.

Tome XIV : Louis-Philippe (2me partie, 1830 à 1848). — Savants, littérateurs et artistes étrangers.

Tome XV : Napoléon III (1re partie 1848 à 1870). — Savants, littérateurs et artistes français.

Tome XVI : Napoléon III (2me partie 1848 à 1870). — Savants, littérateurs et artistes étrangers.

QUATRIÈME PARTIE

HISTOIRE

SCIENTIFIQUE, LITTÉRAIRE ET ARTISTIQUE

(*En cours d'exécution*)

VOLUMES MANUSCRITS ACHEVÉS.

Tomes Ier : Histoire des sciences, des lettres et des arts depuis les temps les plus reculés jusqu'à Jésus-Christ (1re partie) : Chine, Japon, Inde, Phénicie, Chaldée, Perse, Judée, Scandinavie, Amérique. Savants, Philosophes, Sophistes, Rhéteurs et Orarateurs grecs.

Tome II (*Suite du précédent*) : Historiens, Grammairiens, Polygraphes, poètes et artistes grecs. — Savants, Philosophes, Orateurs, Historiens, Poètes et Artistes romains.

Tome III : Histoire des sciences, des lettres et des arts chez tous les peuples de Jésus-Christ à Charlemagne.

Tome IV : Histoire des sciences, des lettres et des arts chez tous les peuples de Charlemagne à François Ier.

AUTRES OUVRAGES HISTORIQUES DE L'AUTEUR

I. L'Agenais illustré ou notices et études historiques sur les personnages illustres de l'Agenais. — 1 volume in-4°, avec 26 portraits, Agen 1846.

II. Histoire de la ville et du château de Montpezat en Agenais. — 1 volume in-folio manuscrit.

III. Nombreux articles biographiques et historiques publiés dans l'*Investigateur*, journal de l'Institut historique de France, la *Biographie générale* Didot, la *Revue ethnographique et orientale*, le *Dictionnaire universel* de Pierre Larousse, le *Bulletin de la Société de Numismatique* et différents journaux de Paris et de la province.

IV. Polygénisme et monogénisme, adressé à M. de Quatrefages, membre de l'Institut, etc., brochure in-8°. — Paris 1846.

V. Discours historique et littéraire prononcé pour l'ouverture de la Société américaine en 1843, imprimé et publié dans la *Revue Américaine*.

VI. Plan d'une histoire universelle adressé au ministre de l'instruction publique 1850. — Cahors, 1 brochure in-4°.

VII. Rapport sur l'Industrie dans ses rapports ethnographiques avec les aptitudes et l'organisation sociale des nations, présenté à la commission impériale de l'Exposition universelle de 1867 et récompensé d'une *médaille d'argent* et de deux *médailles de bronze*.

GRANDE COLLECTION

HISTORIQUE UNIVERSELLE

De Médailles, de Médaillons et de Portraits français et étrangers

GRAVÉS, LITHOGRAPHIÉS, PHOTOGRAPHIÉS OU IMPRIMÉS SUR BOIS.

Depuis le commencement du monde jusqu'à nos jours.

Cette collection, commencée en 1833, avec onze portraits seulement, forme aujourd'hui 100 volumes in-folio, comprenant environ 35,000 portraits achetés, recueillis ou dessinés par l'auteur en France, en Angleterre, en Belgique, en Hollande, en Allemagne, en Autriche, en Suisse, en Espagne et en Italie, et est suivie et accompagnée de tables chronologiques et historiques rédigées toujours par l'auteur et formant sept volumes in-folio, précédés d'une introduction sur les portraits rares, curieux et recherchés par les amateurs d'estampes.

La classification de ces cent volumes est ainsi répartie :

Tome I : Temps primordiaux à Moïse.
Tome II : Moïse à Saül.
Tome III : Saül à Cyrus.
Tome IV : Cyrus à Alexandre le Grand.
Tome V : Alexandre à Ptolémée VI.
Tome VI : Ptolémée VI à Auguste.
Tome VII : Auguste à Antonin le Pieux.
Tome VIII : Antonin à Dioclétien.
Tome IX : Dioclétien à Gratien.
Tome X : Gratien à Clovis.

Tome XI : Clovis à Dagobert I.
Tome XII : Dagobert à Childéric III.
Tome XIII : Pépin à Charles le Simple.
Tome XIV : Charles le Simple à Louis V.
Tome XV : Hugues Capet à Henri Ier.
Tome XVI : Philippe I et Louis VI.
Tome XVII : Louis VII le Jeune.
Tome XVIII : Philippe-Auguste.

(*Ces dix-huit volumes comprennent environ* 5,600 *portraits*.)

Tome XIX : Louis VIII et Louis IX.
Tome XX : Philippe le Bel.
Tome XXI : Philippe de Valois et Jean.
Tome XXII : Charles V.
Tome XXIII : Charles VI.
Tome XXIV : Charles VII.
Tome XXV : Louis XI.
Tome XXVI : Charles VIII.
Tome XXVII : Louis XII.
Tome XXVIII à XXX : François Ier.
Tome XXXI : Henri II.
Tome XXXII et XXXIII : François II et Charles IX.
Tome XXXIV et XXXV : Henri III.

(*Cette seconde série contient* 5,250 *portraits*.

Tome XXXVI : Henri IV (France).
Tome XXXVII : Henri IV (Etrangers).
Tome XXXVIII et XXXIX : Louis XIII (Français).
Tome XXXX à XXXXIII : Louis XIII (Etrangers).
Tome XLIV à XLVII : Louis XIV (France).
Tome XLVIII à LV : Louis XIV (Etrangers).

(*Cette troisième série contient* 5,871 *portraits*).

Tome LVI à LVIII : Louis XV (France).
Tome LIX à LXIV : Louis XV (Etrangers).
Tome XLV à LXVIII : Louis XVI (France, états généraux), etc.
Tome LXIX à LXXI : Louis XVI (Etrangers).

Tome LXXII à LXXIV : République française, Convention (français et étrangers).

(4ᵐᵉ *série de 5,133 portraits*).

Tome LXXV à LXXVI : Napoléon I (France).
Tome LXXVII à LXXVIII : Napoléon I (Etrangers).
Tome LXXIX à LXXXI : Louis XVIII et Charles X (France).
Tome LXXXII (id., étrangers).
Tome LXXXIII à LXXXVII : Louis-Philippe (France).
Tome LXXXVII à LXXXIX : id. (Etrangers).

5ᵐᵉ *série de 5,326 portraits*).

Tome XC à XCXV : Napoléon III (France).
Tome XCXVI à XCXIX (id.) (Etrangers).

(6ᵐᵉ *série de 5,600 portraits*).

C à CI : 3ᵉ république française (Français).
CII : id., Contemporains étrangers.

(7ᵐᵉ *série d'environ 3,000 portraits*).

CLERMONT (OISE). — IMP. A. DAIX, RUE DE CONDÉ, 27.

CLERMONT (OISE). — IMP. A. DAIX, RUE DE CONDÉ, 27.

www.ingramcontent.com/pod-product-compliance
Lightning Source LLC
Chambersburg PA
CBHW060722050426
42451CB00010B/1586